JN122997

葬儀のしおり —— 参列者用

改訂版

オリエンス宗教研究所

目　次

教会での葬儀とは

　教会の葬儀には「死」に対するキリスト教の考えが表れています。

　キリスト者は、ひとりの人の死を、キリストの死と復活の神秘との結びつきのなかでとらえます。死という出来事のうちに人を復活のいのちへと導く神の働きをみるのです。教会の葬儀とは、このような心をもって、死者がキリストの死に結ばれることによって、復活のいのちに迎え入れられていくようにともに祈り、遺族をはじめ死者と親しかった人々が神の働きのもとで力づけられるよう祈る典礼です。この祈りによって、復活への信仰と希望を宣言するのです。

◇葬儀のキリスト教的な意味を示すもの

　教会は葬儀での**祭服の色**として「白」を最もふさわしいとしています。死が悲しいことというだけでなく、復活と永遠のいのちへ移り行く出来事と考えるからです（事情により紫・黒の場合もあります）。**十字架、復活のろうそく**は、キリストの死と復活を記念するもの、そして**聖書**は、人間に永遠のいのちを約束し、呼び招く神のことばの象徴です。**白い布**は、キリスト者が洗礼によってキリストを身にまとったこと、また、**水（聖水）**は、洗礼によってすでにキリストの死と復活に結ばれていることを示します。さらに、**献香、焼香、献花**は、聖霊の神殿である故人に尊敬を表す行いとされます。

◇式の流れ

　カトリック儀式書『葬儀』（カトリック中央協議会　1993年）では、「葬儀」という名のもとで、臨終（から仮通夜まで）から始まり、主要な式である通夜、葬儀ミサ（葬儀ミサに関しては別冊『葬儀ミサ』〈カトリック中央協議会　2023年〉による）、埋葬（納骨）に続いて、さらに命日祭や墓参の祈りまでを扱っています。このしおりでは、そのなかから次のような式と祈りを掲載しています。

Ⅰ　死の直後

　臨終に立ち会った者が、亡くなった人が神の国に旅立ったことを思いながら、その枕元で、神のみ手にゆだねる祈りです。

Ⅱ　弔問のときの祈り

　司祭が、死の連絡を受けて、遺族を訪れて弔意を表すときに行う祈りです。

Ⅲ　納棺

　司祭、または家族が納棺に立ち会うときの祈りです。

Ⅳ　通夜

　通夜は、本来、遺族と親族が故人をしのび、最後の夜を故人の自宅でともに過ごすという私的なものでしたが、今日で

はこれも社会的な広がりをもつようになりました。これに加えて、キリスト者の家や教会で行われる通夜では、キリスト者の死が復活のいのちへの旅立ちであるという信仰を表す機会になります。

V　葬儀ミサ

ミサは、キリストの死と復活によって実現した神の救いのわざを記念しつつ感謝をささげる、教会の最も中心的な典礼です。洗礼によってキリストの体に結ばれた者は、死者も生きている者もキリストのうちに一つにされています。キリスト者の葬儀がこのミサの典礼で行われることによって、その死の意味と復活への信仰は最も明らかな形で表されます。

Ⅵ　埋葬

日本で通常行われる火葬に対応した、⑴火葬のときの祈りが行われます。引き続いて⑵火葬後の祈りや⑶自宅での祈りを行うこともできます。納骨に際しては⑷埋葬（納骨）の祈りを行うことがあります。

Ⅶ　命日祭の祈り（祈念の集い）

教会では、古来、キリスト者の死の日を新しい命への誕生日と呼んできました。この日に故人を思いつつ復活への信仰を新たにし、故人をめぐる人々の交わりを深める祈念の集いが命日祭です。単なる故人の追悼式ではなく、教会の信仰を

明らかにするミサで行われる場合もあります。

Ⅷ　墓参の祈り

　墓参に際して、故人の墓の前で行う祈りの集いです。

『葬儀のしおり』使用上の注意

(1)　この『葬儀のしおり』は、カトリック儀式書『葬儀』(1993年)、2004年に出された『補遺』、および2023年発行のカトリック儀式書別冊『葬儀ミサ──「ミサの式次第(2022新版)」準拠』(いずれもカトリック中央協議会発行)に併用されるものとして参列者のために作られたものです。

(2)　このしおりに示した聖書朗読箇所・祈願・祈りの形式は、上記の儀式書の中から一つないし複数を選んで掲載したものです。

(3)　この『葬儀のしおり』の中の、「司」は司式者、「先」は先唱者の意味です。どちらも司祭だけではなく、信徒ができる場合もあります(詳しくは『葬儀』をご覧ください)。

I　死の直後

　　司式者は、亡くなった人のため、また遺族のために、神のことばである聖書を朗読し、キリストが教えられた「主の祈り」を一同とともにとなえます。続いて遺体の上に手をのべ、さらに十字架のしるしをして神のあわれみと恵みを願って祈ります。

　　祈りの終わりに一同でとなえる「アーメン」は、ヘブライ語で心からの賛同を表すことばです。

祈りへの招き

司　　父と子と聖霊のみ名によって。

一同　アーメン。

司　　………祈りましょう。

神のことば

　　（一）

創世記

　　主は言われた。「あなたは生まれ故郷、父の家を離れて、わたしが示す地に行きなさい。
わたしはあなたを祝福し、あなたの名を高める。」

（創世記12・1－2）

（二）

マタイによる福音

〔イエスは言われた。〕「疲れた者、重荷を負う者は、だれでもわたしのもとに来なさい。休ませてあげよう。そうすれば、あなたがたは安らぎを得られる。わたしの軛は負いやすく、わたしの荷は軽いからである。」

(マタイ11・28、29 b −30)

主の祈り

司　………唱えましょう。

一同　天におられるわたしたちの父よ、
　　　み名が聖とされますように。
　　　み国が来ますように。
　　　みこころが天に行われるとおり地にも行われますように。
　　　わたしたちの日ごとの糧を今日もお与えください。
　　　わたしたちの罪をおゆるしください。わたしたちも人をゆるします。
　　　わたしたちを誘惑におちいらせず、
　　　悪からお救いください。

按手と十字架のしるし

結びの祈り

司　いのちの源である神よ、

あなたは御子キリストを死者のうちから復活させて、
死が人間にとっては、ひとときの眠りにすぎないこと
を示してくださいました。
キリストの十字架によってあがなわれたこの兄弟／
姉妹が、新しいいのちに生きることができますよう
に。
　わたしたちの主イエス・キリストによって。

一同　アーメン。

II 弔問のときの祈り

亡くなった人の弔問を行うにあたって、司式者は、聖書を朗読して神のことばを伝え、キリストが教えられた「主の祈り」を一同と共にとなえ、故人を神の手にゆだねて祈ります。

祈りへの招き

司　父と子と聖霊のみ名によって。

一同　アーメン。

司　………祈りましょう。

神のことば

使徒パウロのローマの教会への手紙

　〔皆さん、〕死も、命も、現在のものも、未来のものも、他のどんな被造物も、わたしたちの主キリスト・イエスによって示された神の愛から、わたしたちを引き離すことはできないのです。

(ローマ8・38–39より)

主の祈り

司　………唱えましょう。

一同　天におられるわたしたちの父よ、

　　　み名が聖とされますように。

　　　み国が来ますように。

　　　みこころが天に行われるとおり地にも行われますように。

　　　わたしたちの日ごとの糧を今日もお与えください。

　　　わたしたちの罪をおゆるしください。わたしたちも人をゆるします。

　　　わたしたちを誘惑におちいらせず、

　　　悪からお救いください。

結びの祈り

司　　いのちの源である神よ、

　　　死がわたしたちから○○○○をとり去った今、この兄弟／姉妹のためにいのちの門を開いてください。

　　　あなたの愛のうちに迎え入れ、

　　　御子キリストとともに、あなたのもとで永遠の安息を得ることができますように。

　　　　わたしたちの主イエス・キリストによって。

一同　アーメン。

III 納棺

　　司式者は、納棺にあたって聖書を朗読し、続けて詩編を一同とともにとなえ、できれば香をたいて遺体を祝福し、亡くなった人を神のみ手にゆだねて祈ります。

祈りへの招き

司　父と子と聖霊<ruby>父<rt>ちち</rt></ruby>と<ruby>子<rt>こ</rt></ruby>と<ruby>聖霊<rt>せいれい</rt></ruby>のみ<ruby>名<rt>な</rt></ruby>によって。

一同　アーメン。

司　………<ruby>祈<rt>いの</rt></ruby>りましょう。

神のことば

使徒パウロのコリントの教会への手紙

<ruby>使徒<rt>しと</rt></ruby>パウロのコリントの<ruby>教会<rt>きょうかい</rt></ruby>への<ruby>手紙<rt>てがみ</rt></ruby>

〔<ruby>皆<rt>みな</rt></ruby>さん、〕わたしたちは、いつもイエスの<ruby>死<rt>し</rt></ruby>を<ruby>体<rt>からだ</rt></ruby>にまとっています、イエスの<ruby>命<rt>いのち</rt></ruby>がこの<ruby>体<rt>からだ</rt></ruby>に<ruby>現<rt>あらわ</rt></ruby>れるために。わたしたちは<ruby>生<rt>い</rt></ruby>きている<ruby>間<rt>あいだ</rt></ruby>、<ruby>絶<rt>た</rt></ruby>えずイエスのために<ruby>死<rt>し</rt></ruby>にさらされています、死ぬはずのこの<ruby>身<rt>み</rt></ruby>にイエスの<ruby>命<rt>いのち</rt></ruby>が<ruby>現<rt>あらわ</rt></ruby>れるために。

（二コリント 4・10-11）

ともに祈る

司式者の次のような祈りに心をあわせて祈ります。

参列者一同は一節ずつ復唱することもできます。

司　神よ、深いふちからあなたに叫び、
　　嘆き祈るわたしの声を聞いてください。
　　あなたが悪に目を留められるなら、
　　主よ、だれがあなたの前に立てよう。

　　しかし、あなたのゆるしのために、
　　人はあなたをおそれ尊ぶ。
　　神はわたしの希望、わたしの望み、
　　わたしはそのことばにより頼む。
　　夜明けを待ちわびる夜回りにもまして、
　　わたしの心は主を待ち望む。
　　神を信じる民よ、神により頼め、
　　神は豊かなあがないに満ち、いつくしみ深い。
　　神はすべての罪から救ってくださる。　　（詩編130より）

納棺

（献香）

結びの祈り

司　祈りましょう。（沈黙）
　　すべてを与え、また取り上げられる神よ、
　　この世の務めを終えた○○○○を、あなたにゆだねて

15

祈ります。体は滅びても、主キリストの恵みによって
復活の栄光に入る日まで、安らかに憩うことができま
すように。

　　わたしたちの主イエス・キリストによって。

一同　アーメン。

幼子のため

　司　祈りましょう。（沈黙）

いのちをつかさどられる神よ、
悲しみのうちにしずむわたしたちの心を顧みてくだ
さい。清い心のままみ手にゆだねる幼子○○○○
を、みもとで憩わせてくださいますように。

　　わたしたちの主イエス・キリストによって。

一同　アーメン。

Ⅳ　通夜 1　教会、あるいは自宅で行う通夜

　通夜は自宅あるいは教会で行われますが、ここでは、どちらでも行える場合と教会で行う場合の二つの形式を示します。

　教会、あるいは自宅で行う場合は、聖書朗読の後、一同、沈黙のうちに救いの神秘を思いながら、故人をしのんで祈ります。

　さらに一同で、詩編のことばをとなえ、司式者の祈りに応じて「アーメン」ととなえます。

　続いて、司式者によって香がたかれ、一同は焼香、あるいは献花を行います。

　その後、司式者は、亡くなった人がキリストと共に神のうちに生きるよう祈願し、遺族代表のあいさつをもって通夜を終わります。

はじめのことば

聖歌

招きのことば

聖書朗読と説教

ともに祈る

次の（一）から（四）の中から選んで祈ります。どの場合も、（五）に続いて終わります。

（一）
創世記

　初めに、神は天地を創造された。地は混沌であって、闇が深淵の面にあり、神の霊が水の面を動いていた。神は言われた。「光あれ。」こうして、光があった。神は光を見て、良しとされた。神は言われた。「我々にかたどり、我々に似せて、人を造ろう。そして海の魚、空の鳥、家畜、地の獣、地を這うものすべてを支配させよう。」神は御自分にかたどって人を創造された。神にかたどって創造された。男と女に創造された。

（創世記1・1-4a、26-27）

しばらく沈黙のうちに祈る。

先　聖書のことばによって祈りましょう。

あるいは典礼聖歌68または69「神よあなたのいぶきを」を歌います。（楽譜は90ページ）

先　神よ、あなたのいぶきを地のおもてに。

一同　神よ、あなたのいぶきを地のおもてに。

先　主なる神、あなたはまことに偉大な方。
　　あなたは数えきれぬほどのものを、英知に満ちてつくられた。

一同　神よ、あなたのいぶきを地のおもてに。

先　あなたがいぶきを取り去られると、死が訪れてちりに戻る。
　　あなたは霊を送ってすべてをつくり、地上を新たにしてくださる。

一同　神よ、あなたのいぶきを地のおもてに。

先　神よ、あなたがつくられたものは数えきれない。
　　英知によって形づくられたものは地に満ちている。
　　わたしは生涯、神に向かって歌い、いのちのある限り神をたたえよう。

一同　神よ、あなたのいぶきを地のおもてに。（詩編104より）

司　祈りましょう。（沈黙）
　　天地万物のつくり主である神よ、
　　あなたは永遠の愛でわたしたちを包み
　　ご自分にかたどってわたしたちをつくってくださいました。
　　みもとに召された○○○○が神を仰ぎ見ることができますように。
　　　わたしたちの主イエス・キリストによって。↗

一同　アーメン。

　　　（二）

ヨハネによる福音
　神は、その独り子をお与えになったほどに、世を愛された。独り子を信じる者が一人も滅びないで、永遠の 命 を得るためである。神が御子を世に遣わされたのは、世を裁くためではなく、御子によって世が救われるためである。　　　　　　　　　（ヨハネ 3・16-17）

しばらく沈黙のうちに祈ります。

先　詩編のことばによって祈りましょう。

あるいは典礼聖歌46「神の注がれる目は」を歌います。
（楽譜は91ページ）

先　神の注がれる目は神をおそれる者に、神の愛に希望を
　　おく者の上に。
一同　神の注がれる目は神をおそれる者に、神の愛に希望を
　　おく者の上に。
先　神のことばは正しく、そのわざには 偽 りがない。
　　神は正義と公平を愛し、いつくしみは地に満ちている。
一同　神の注がれる目は神をおそれる者に、神の愛に希望を

20

おく者の上に。

先　神はその住まいから、地に住むすべての人に目を注が
　　れる。
　　神は一人ひとりの心をつくり、そのわざを見抜かれる。

一同　神の注がれる目は神をおそれる者に、神の愛に希望を
　　おく者の上に。

先　神は盾、神は救い、わたしたちは神を待ち望む。
　　心は神のうちにあって喜び、とうといその名により
　　頼む。

一同　神の注がれる目は神をおそれる者に、神の愛に希望を
　　おく者の上に。　　　　　　　　　　　　（詩編33より）

司　祈りましょう。（沈黙）
　　すべての人の救いの源である神よ、
　　あなたはひとり子を与えるほどわたしたちを愛してく
　　ださいました。
　　地上の生涯を終えた○○○○に、
　　あなたの国の平和と栄光をお与えください。
　　　わたしたちの主イエス・キリストによって。

一同　アーメン。

　　（三）

ルカによる主イエス・キリストの受難

　「されこうべ」と呼ばれている所に来ると、そこで

人々はイエスを十字架につけた。犯罪人も、一人は右に一人は左に、十字架につけた。そのとき、イエスは言われた。「父よ、彼らをお赦しください。自分が何をしているのか知らないのです。」十字架にかけられていた犯罪人の一人が、イエスをののしった。「お前はメシアではないか。自分自身と我々を救ってみろ。」すると、もう一人の方がたしなめた。「お前は神をも恐れないのか、同じ刑罰を受けているのに。我々は、自分のやったことの報いを受けているのだから、当然だ。しかし、この方は何も悪いことをしていない。」そして、「イエスよ、あなたの御国においでになるときには、わたしを思い出してください」と言った。するとイエスは、「はっきり言っておくが、あなたは今日わたしと一緒に楽園にいる」と言われた。

(ルカ23・33-34a、39-43)

しばらく沈黙のうちに祈ります。

先　詩編のことばによって祈りましょう。

あるいは典礼聖歌123「主はわれらの牧者」を歌います。
(楽譜は92ページ)

先　主はわれらの牧者、わたしは乏しいことがない。

一同　主はわれらの牧者、わたしは乏しいことがない。

先　神はわたしを緑の牧場に伏させ、憩いの水辺に伴われる。

神はわたしを生き返らせ、いつくしみによって正しい道に導かれる。

一同　主はわれらの牧者、わたしは乏しいことがない。

先　たとえ死の陰の谷を歩んでも、わたしは災いを恐れない。

あなたがわたしとともにおられ、その鞭と杖はわたしを守る。

一同　主はわれらの牧者、わたしは乏しいことがない。

先　神の恵みといつくしみに、生涯伴われ、

わたしはとこしえに、神の家に生きる。

一同　主はわれらの牧者、わたしは乏しいことがない。

（詩編23より）

司　祈りましょう。（沈黙）

いのちの源である神よ、

あなたは、御子キリストの死と復活によって救いをもたらし、永遠のいのちのとびらを開いてくださいました。キリストの死にあずかった○○○○に神の国の喜びをお与えください。

　わたしたちの主イエス・キリストによって。

一同　アーメン。

（四）

ヨハネによる福音

　イエスは、自ら十字架を背負い、いわゆる「されこうべの場所」、すなわちヘブライ語でゴルゴタという所へ向かわれた。そこで、彼らはイエスを十字架につけた。イエスの十字架のそばには、その母と母の姉妹、クロパの妻マリアとマグダラのマリアとが立っていた。イエスは、母とそのそばにいる愛する弟子とを見て、母に、「婦人よ、御覧なさい。あなたの子です」と言われた。それから弟子に言われた。「見なさい。あなたの母です。」そのときから、この弟子はイエスの母を自分の家に引き取った。

（ヨハネ19・17-18ａ、25-27）

しばらく沈黙のうちに祈ります。

先　詩編のことばによって祈りましょう。

あるいは典礼聖歌53「神の はからいは」を歌います。
（楽譜は93ページ）

先　神のはからいは限りなく、生涯わたしはその中に生きる。

一同　神のはからいは限りなく、生涯わたしはその中に生

きる。

先　神よ、あなたはわたしを心にかけ、わたしのすべて
を知っておられる。
わたしが座るのも立つのも知り、遠くからわたしの思
いを見通される。

一同　神のはからいは限りなく、生涯わたしはその中に生
きる。

先　あなたはわたしの体をつくり、母の胎内でわたしを
形づくられた。
わたしをつくられたあなたのわざは不思議、わたしは
心からその偉大なわざをたたえる。

一同　神のはからいは限りなく、生涯わたしはその中に生
きる。

先　神よ、あなたの思いはきわめがたく、そのすべてを知
ることはできない。
あなたのはからいは限りなく、生涯わたしはその中
に生きる。

一同　神のはからいは限りなく、生涯わたしはその中に生
きる。　　　　　　　　　　　　　　　　（詩編139より）

司　祈りましょう。（沈黙）
神よ、あなたの御子キリストは、人となって聖母マリ
アから生まれ、罪を除いてはわたしたちと同じになっ
てくださいました。御子の悲しみと苦しみをともにし、

25

十字架の丘までともに歩まれた聖母マリアの取り次ぎによって、○○○○に救い主の慰めをお与えください。

　わたしたちの主イエス・キリストによって。

一同　アーメン。

　　　（五）

ヨハネの黙示

　わたし〔ヨハネ〕はまた、新しい天と新しい地を見た。そのとき、わたしは玉座から語りかける大きな声を聞いた。「見よ、神の幕屋が人の間にあって、神が人と共に住み、人は神の民となる。神は自ら人と共にいて、その神となり、彼らの目の涙をことごとくぬぐい取ってくださる。もはや死はなく、もはや悲しみも嘆きも労苦もない。」すると、玉座に座っておられる方が、「見よ、わたしは万物を新しくする」と言われた。

　　　　　　　　　　　　　（黙示録21・1ａ、3-4ｂ、5ａ）

しばらく沈黙のうちに祈ります。

先　詩編のことばによって祈りましょう。

あるいは典礼聖歌65「神はわたしを救われる」を歌います。（楽譜は94ページ）

26

先　神はわたしを救われる。そのいつくしみをたたえよう。

一同　神はわたしを救われる。そのいつくしみをたたえよう。

先　神よ、あなたはわたしを救い、死の力が勝ち誇るのを許されない。
　神よ、あなたは死の国からわたしを引き上げ、危ういいのちを助けてくださった。

一同　神はわたしを救われる。そのいつくしみをたたえよう。

先　神よ、いつくしみ深くわたしを顧み、わたしの助けとなってください。
　あなたは嘆きを喜びに変え、粗布を晴れ着に替えてくださった。

一同　神はわたしを救われる。そのいつくしみをたたえよう。

先　わたしの心はあなたをたたえ、黙っていることがない。
　神よ、わたしの神よ、あなたをとこしえにたたえよう。

一同　神はわたしを救われる。そのいつくしみをたたえよう。

（詩編30より）

司　祈りましょう。（沈黙）
　すべての慰めの源である神よ、
　あなたは永遠の愛をもってわたしたちを包み、
　死の暗闇をいのちの夜明けに変えてくださいます。
　悲しみに沈むあなたの家族を顧みてください。
　あなたの子キリストは、ご自分の死をもってわたした

27

ちの死を打ち砕き、復活をもってわたしたちにいのち
をお与えになりました。
わたしたちもキリストの恵みに支えられて希望に生
き、
人生の旅路の後、再び兄弟／姉妹とまみえ、すべて
の涙がぬぐわれますように。
　わたしたちの主イエス・キリストによって。

一同　アーメン。

献香と焼香（献花）

結びの祈り

司　祈りましょう。（沈黙）
全能の神よ、
この世からあなたのもとに召された○○○○を心に
留めてください。
洗礼によってキリストの死に結ばれた者が、
その復活にも結ばれることができますように。
あなたは死者を復活させるとき、
わたしたちの体を栄光の姿に変えてくださいます。
み旨に従って今この世を去った○○○○をあなたの
国に迎え入れてください。
わたしたちもいつかその国でいつまでもあなたの栄光
にあずかり、喜びに満たされますように。

わたしたちの主イエス・キリストによって。

一同　アーメン。

遺族代表のあいさつ

_____

自宅からの出棺

使徒ペトロの手紙

〔愛する皆さん、〕神の力強い御手の下で自分を低くしなさい。そうすれば、かの時には高めていただけます。思い煩いは、何もかも神にお任せしなさい。神が、あなたがたのことを心にかけていてくださるからです。信仰にしっかり踏みとどまって、悪魔に抵抗しなさい。あなたがたと信仰を同じくする兄弟たちも、この世で同じ苦しみに遭っているのです。それはあなたがたも知っているとおりです。しかし、あらゆる恵みの源である神、すなわち、キリスト・イエスを通してあなたがたを永遠の栄光へ招いてくださった神御自身が、しばらくの間苦しんだあなたがたを完全な者とし、強め、力づけ、揺らぐことがないようにしてくださいます。力が世々限りなく神にありますように、アーメン。　　　　　　（一ペトロ5・6‐7、9‐11）

司　祈りましょう。（沈黙）

全能の神よ、
この世からあなたのもとに召された○○○○を心に
留めてください。
洗礼によってキリストの死に結ばれた者が、
その復活にも結ばれることができますように。
あなたは死者を復活させるとき、
わたしたちの体を栄光の姿に変えてくださいます。
み旨に従って今この世を去った○○○○をあなたの
国に迎え入れてください。
わたしたちもいつかその国でいつまでもあなたの栄光
にあずかり、喜びに満たされますように。
　わたしたちの主イエス・キリストによって。

一同　アーメン。

通夜2　教会で行う通夜

　通夜は、自宅でも教会でも行うことができます。教会で行うときは、司式者の入堂で始まります。司式者はあいさつの後、水を祝福して遺体に注ぎかけます。水は洗礼と罪の清めと、神の生命にあずかる恵みを象徴します。

　聖書朗読に続いて、そのことばを味わうため、一同で聖歌を歌います。司式者は聖書（福音）を朗読し、説教を行います。

　説教の後、共同祈願が参列者一同の代表によってとなえられ、一同続けて「神よ、わたしたちの祈りを聞き入れてください」と祈ります。

　その後、司式者の献香、参列者の焼香あるいは献花が行われます。

　焼香（献花）のあいだ聖歌が歌われますが、詩編をとなえることもできます。

　通夜の終わりに司式者が故人の安息を祈り、一同、「アーメン」ととなえます。

　遺族代表のあいさつをもって通夜は終わります。

はじめのことば

入堂と聖歌

司式者のあいさつ

水の祝福と灌水

司 亡くなった兄弟／姉妹に永遠の平安が与えられるよう祈りましょう。(沈黙)
いのちの源である神よ、あなたは豊かな実りをもたらすために水によって大地を潤し、同じ水によって人の渇きをいやしてくださいます。
また、洗礼の泉によって新しいいのちがわき出るように定めてくださいました。

今この水に聖なる霊を注ぎ ✚ 祝福してください。

司 神よ、御子キリストの恵みによって神の子となったわたしたちの兄弟／姉妹○○○○を心に留めてください。
あなたの愛によって、この兄弟／姉妹が永遠の平安のうちに憩うものとなりますように。

　わたしたちの主イエス・キリストによって。

一同 アーメン。

聖書朗読

答唱詩編

あるいは典礼聖歌64「神はわたしを救われる」を歌うことができます。（楽譜は94ページ）

福音朗読と説教

共同祈願（例文）

この祈りは、亡くなられた方の心の清めと永遠の憩いを神に願い、また残された人々に慰めと励ましが授けられるように、参列者一同で作る祈りです。次の意向（いこう）の中から選ぶこともできます。

司　皆（みな）さん、亡（な）くなられた○○○○さんのため、そしてご遺族（いぞく）のために、恵（めぐ）み深（ふか）い神（かみ）に向（む）かって祈（いの）りましょう。

先　父（ちち）である神（かみ）が、世（よ）を去（さ）った兄弟（きょうだい）／姉妹（しまい）をいつくしみ、その生涯（しょうがい）の労苦（ろうく）を顧（かえり）みてくださいますように。

一同　神（かみ）よ、わたしたちの祈（いの）りを聞（き）き入（い）れてください。

先　いつくしみ深（ふか）い神（かみ）が、亡（な）くなった兄弟（きょうだい）／姉妹（しまい）をすべての罪（つみ）から清（きよ）め、永遠（えいえん）のいのちで満（み）たしてくださいますように。

一同　神（かみ）よ、わたしたちの祈（いの）りを聞（き）き入（い）れてください。

先　遺族（いぞく）の方々（かたがた）があなたの恵（めぐ）みによって慰（なぐさ）められ、神（かみ）を信頼（しんらい）し、希望（きぼう）をもってこれからの人生（じんせい）を歩（あゆ）んでいくこ

とができますように。

一同　神よ、わたしたちの祈りを聞き入れてください。

先　すべての人の救いを望まれる神よ、亡くなったわたし
たちの兄弟／姉妹、み旨に従って生活し、今はこの
世を去ったすべての人をあなたの国に受け入れてくだ
さい。わたしたちもいつかその国でいつまでもともに
あなたの栄光にあずかり、喜びに満たされますよう
に。

一同　神よ、わたしたちの祈りを聞き入れてください。

遺族代表の祈り

先　……………

一同　神よ、わたしたちの祈りを聞き入れてください。

司　わたしたちのいのち、希望の源である父よ、
あなたは信頼する者をいつも助けてくださいます。
あなたが愛された者の死を顧み、その生涯をささげ
ものとして受け入れてください。
御子キリストのうちにあって、復活の栄光にあずから
せてくださいますように。
　わたしたちの主イエス・キリストによって。

一同　アーメン。

献香、焼香 （献花）

34

聖歌のかわりに、たとえば次のような詩編の祈りをとなえることもできます。

先　神はわたしの光、わたしの救い、
わたしはだれも恐れない。
神はわたしのいのちのとりで、
わたしはだれをはばかろう。

一同　わたしは神に一つのことを願い求めている。
生涯、神の家を住まいとし、
あかつきとともに目ざめ、
神の美しさを仰ぎ見ることを。

先　苦悩の日々、神はわたしをいおりに隠し、
その幕屋にかくまって岩の上に立たせてくださる。
群がる敵のさ中で、
わたしは頭を高く上げる。
喜びにあふれて幕屋でいけにえをささげ、
神をたたえて歌おう。

一同　神よ、わたしの声を聞き、
わたしをあわれみ、こたえてください。
わたしの心はささやく、「神の顔を尋ね求めよ。」
神よ、あなたの顔をわたしは慕い求める。

（詩編27より）

結びの祈り

司　祈りましょう。(沈黙)

いのちの 源 である神よ、

今わたしたちは 心 を一つにして亡くなった○○○○
のために祈ります。

この 兄 弟／姉妹に安息を与え、終わることのないい
のちで満たしてください。

地 上 に残されたわたしたちも、

生 涯の旅路の果てに 兄 弟／姉妹と再会し、

いつまでもあなたを賛美することができますように。

わたしたちの主イエス・キリストによって。

一同　アーメン。

遺族代表のあいさつ

V　葬儀ミサ

　カトリック教会の葬儀は、ミサによって行われることが大きな特徴です。

　ミサは、キリストの死と復活を通して実現した神の救いのわざを記念し、賛美をもって感謝をささげる祭儀です。これは、神のことばである聖書を朗読して、救いの福音を告げる「ことばの典礼」と、主キリストの弟子たちとの最後の晩餐のときの定めに基づく「感謝の典礼」からなっています。そして、キリストの体と血とされるパンとぶどう酒を信者が分かち合う「交わりの儀（コムニオ）」によって、信じる者一同はキリストの体に絶えず新たに結ばれていきます。それは、神のもとで祝われるうたげを前もって味わうものです。

　葬儀ミサは、このようなキリストの救いの神秘を思う感謝に包まれながら、死者が復活のいのちへ迎え入れられ、永遠の安息に入るよう祈るものです。そして、一つのキリストの体に結ばれた者たちのきずなは、死を通して消えることはないという、永遠の交わりへの信仰を共同の祈りによって表します。

　このような祈りを一同が心をあわせて祈ることができるよう、このしおりによって、できるだけ一緒に唱和することが望まれます。

開　祭

はじめのことば

入堂の行列と入祭の歌

遺体への表敬

招きのことば

司　………祈りましょう。

集会祈願（例文）

司　全能の、神である父よ、

あなたのひとり子の死と復活を信じるわたしたちの祈りを聞き入れてください。

キリストのうちにあって眠りについた（兄弟／姉妹）○○○○が、キリストの復活に、喜びをもってあずかることができますように。

聖霊による一致のうちに、あなたとともに神であり、世々とこしえに生き、治められる御子、わたしたちの主イエス・キリストによって。

一同　アーメン。

ことばの典礼

第一朗読（ローマ14・7－9、10c－11）**（例文）**
使徒パウロのローマの教会への手紙

〔皆さん、〕わたしたちの中には、だれ一人自分のために生きる人はなく、だれ一人自分のために死ぬ人もいません。わたしたちは、生きるとすれば主のために生き、死ぬとすれば主のために死ぬのです。従って、生きるにしても、死ぬにしても、わたしたちは主のものです。キリストが死に、そして生きたのは、死んだ人にも生きている人にも主となられるためです。わたしたちは皆、神の裁きの座の前に立つのです。こう書いてあります。

「主は言われる。

『わたしは生きている。

すべてのひざはわたしの前にかがみ、

すべての舌が神をほめたたえる』と。」

朗読者　神のみことば。
　一同　神に感謝。

答唱詩編（詩編23・1、2＋3、4、5、6）
あるいは典礼聖歌123「主はわれらの牧者」を歌います。
（楽譜は92ページ）

主はわれらの牧者、わたしは乏しいことがない。

神はわたしを緑の牧場に伏させ、憩いの水辺に伴われる。

神はわたしを生き返らせ、いつくしみによって正しい道に導かれる。

たとえ死の陰の谷を歩んでも、わたしは災いを恐れない。

あなたがわたしとともにおられ、その鞭と杖はわたしを守る。

あなたははむかう者の前で、わたしのために会食を整え、

わたしの頭に油を注ぎ、わたしの杯を満たされる。

神の恵みといつくしみに生涯伴われ、

わたしはとこしえに神の家に生きる。

アレルヤ唱（マタイ11・25、典礼聖歌275 ①）

（楽譜は88ページ）

アレルヤ、アレルヤ。

天と地の主である神はたたえられますように。

あなたは神の国を小さい人々に現してくださった。

アレルヤ、アレルヤ。

司　主は皆さんとともに。

一同　またあなたとともに。

　司　○○○○による福音。

一同　主に栄光。

福音朗読（マタイ11・25-30）**（例文）**

マタイによる福音

　そのとき、イエスはこう言われた。「天地の主である父よ、あなたをほめたたえます。これらのことを知恵ある者や賢い者には隠して、幼子のような者にお示しになりました。そうです、父よ、これは御心に適うことでした。すべてのことは、父からわたしに任せられています。父のほかに子を知る者はなく、子と、子が示そうと思う者のほかには、父を知る者はいません。疲れた者、重荷を負う者は、だれでもわたしのもとに来なさい。休ませてあげよう。わたしは柔和で謙遜な者だから、わたしの軛を負い、わたしに学びなさい。そうすれば、あなたがたは安らぎを得られる。わたしの軛は負いやすく、わたしの荷は軽いからである。」

　司　主のみことば。

一同　キリストに賛美。

説教

共同祈願（例文）

この祈りは、亡くなられた方の心の清めと永遠の憩いを神に願い、また残された人々に慰めと励ましが授けられるように、参列者一同で作る祈りです。次の（一）と（二）の形式のどちらかを選ぶことができます。意向は例を参考に作るとよいでしょう。

（一）

司　わたしたちに先立って復活された主キリストを信頼して、父である神に祈りましょう。

先　洗礼によって、永遠のいのちに生まれた○○○○が、諸聖人の集いに迎えられ、神の栄光にあずかることができますように。

一同　神よ、わたしたちの祈りを聞き入れてください。

先　教会のために生涯奉仕した兄弟／姉妹に、永遠の憩いを与えてくださいますように。

一同　神よ、わたしたちの祈りを聞き入れてください。

先　悲しみのうちにある遺族の方々に慰めと希望を与え、力づけてくださいますように。

一同　神よ、わたしたちの祈りを聞き入れてください。

先　世を去ったわたしたちの父母、兄弟、姉妹、恩人、友人に、永遠の救いの恵みを与えてくださいますように。

一同　神よ、わたしたちの祈りを聞き入れてください。

遺族の中から身近な者が唱える

先　いつくしみ深い神よ、わたしたちのもとを去った○○○○に安らかな憩いをお与えください。生前、わたしたちのいたらなさから故人を悲しませたり、傷つけたりしたことをおゆるしください。主イエス・キリストのゆるしの恵みによって、いつの日か永遠の喜びをともにすることができますように。

一同　神よ、わたしたちの祈りを聞き入れてください。

遺族代表の祈り

先　永遠の安息を与えてくださる神よ、この世からあなたのもとに召された○○○○のためにお願いいたします。故人の思い、ことば、行いによる罪があなたの救いの恵みによってゆるされ、聖人たちが集うみ国に入ることができますように。

一同　神よ、わたしたちの祈りを聞き入れてください。

司　わたしたちの希望である父よ、
あなたは信頼する者をいつも助けてくださいます。
あなたが愛された者の死を顧み、
その生涯をささげものとして受け入れてください。
御子キリストのうちにあって復活の栄光にあずからせてくださいますように。
　　わたしたちの主イエス・キリストによって。

一同　アーメン。

　　　　　　（二）

司　聖なる父、いのちの源である神よ、今わたしたちは
　別離の悲しみにしずみながらも、あなたの深いはから
　いを信じています。

一同　（黙禱）

司　神の子イエス・キリストはわたしたちを罪と死から救
　い出すために人となり、十字架の上で苦しみと死を
　担い、また死者の中から復活されて永遠のいのちの門
　を開いてくださいました。世の終わりに主キリストが
　栄光のうちに再び来られるとき、わたしたちの体も
　復活します。

一同　（黙禱）

司　まことにキリストのうちにわたしたちの復活の希望は
　輝き、別離を悲しむわたしたち一同も、とこしえの
　いのちの約束によって慰められます。あなたはいの
　ちの源です。万物はあなたによって常に新たにされ、
　地上の生活を終わった後も、天に永遠の住みかが備
　えられています。

一同　（黙禱）

司　聖なる父よ、あなたのもとに召された○○○○のため
　に祈ります。すべての過ちをゆるし、キリストのう
　ちに憩う人々とともに、あなたのみ国に受け入れてく
　ださい。

一同　（黙禱）

44

司　わたしたちもいつかその国でいつまでもともにあなた
　　の栄光にあずかり、喜びに満たされますように。そ
　　のとき、わたしたちの目から涙がぬぐわれ、神であ
　　るあなたをありのままに見て、永遠にキリストに似る
　　ものとなり、終わりなくあなたをたたえることができ
　　るのです。
　　あなたの子、わたしたちの主イエス・キリストによっ
　　てお願いいたします。

一同　アーメン。

感謝の典礼

奉納の歌と奉納行列

パンを供える祈り

司　神よ、あなたは万物の造り主、ここに供えるパンはあ
　　なたからいただいたもの、大地の恵み、労働の実り、
　　わたしたちのいのちの糧となるものです。

一同　神よ、あなたは万物の造り主。

カリスを供える祈り

司　神よ、あなたは万物の造り主、ここに供えるぶどう酒
　　はあなたからいただいたもの、大地の恵み、労働の実
　　り、わたしたちの救いの杯となるものです。

一同　神よ、あなたは万物の造り主。

祈りへの招き

司　皆さん、ともにささげるこのいけにえを、全能の父である神が受け入れてくださるよう祈りましょう。

一同　神の栄光と賛美のため、またわたしたちと全教会のために、あなたの手を通しておささげするいけにえを、神が受け入れてくださいますように。

しばらく沈黙のうちに祈ります。

奉納祈願（例文）

司　いつくしみ深い神よ、
御子キリストにともに結ばれるわたしたちを顧み、ここにささげる供えものを受け入れてください。
わたしたちの兄弟／姉妹○○○○が栄光に入り、キリストとともに生きることができますように。
　わたしたちの主イエス・キリストによって。

一同　アーメン。

奉献文（エウカリスティアの祈り）

司　主は皆さんとともに。

一同　またあなたとともに。

司　心をこめて、

一同　神を仰ぎ、

司　賛美と感謝をささげましょう。

一同　それはとうとい大切な務め（です）。

叙唱（例文　復活の希望）

司　聖なる父、全能永遠の神、

いつどこでも主キリストによって賛美と感謝をささげ

ることは、

まことにとうといたいせつな務め（です）。

キリストのうちにわたしたちの復活の希望は輝き、

死を悲しむ者もとこしえのいのちの約束によって慰

められます。

信じる者にとって死は滅びではなく、新たないのちへ

の門であり、

地上の生活を終わった後も、天に永遠のすみかが備

えられています。

神の威光をあがめ、権能を敬うすべての天使とともに、

わたしたちもあなたの栄光を終わりなくほめ歌います。

感謝の賛歌（サンクトゥス）

一同　聖なる、聖なる、聖なる神、すべてを治める神なる主。

主の栄光は天地に満つ。

天には神にホザンナ。

主の名によって来られるかたに賛美。
天には神にホザンナ。

第二奉献文

司 まことに聖なる神、すべての聖性の源である父よ、いま聖霊を注ぎ、この供えものを聖なるものとしてください。

わたしたちのために、主イエス・キリストの御からだと ✠ 御血になりますように。

主イエスはすすんで受難に向かう前に、パンを取り、感謝をささげ、裂いて弟子に与えて仰せになりました。
「皆、これを取って食べなさい。これはあなたがたのために渡される、わたしのからだ（である）。」

（会衆は司祭とともに手を合わせて深く礼をする。）

食事の後に同じように杯を取り、感謝をささげ、弟子に与えて仰せになりました。
「皆、これを受けて飲みなさい。これはわたしの血の杯、あなたがたと多くの人のために流されて罪のゆるしとなる新しい永遠の契約の血（である）。これをわたしの記念として行いなさい。」

（会衆は司祭とともに手を合わせて深く礼をする。）

司 信仰の神秘。

一同　①主よ、あなたの死を告げ知らせ、復活をほめたたえます。再び来られるときまで。

（または②）主よ、このパンを食べ、この杯を飲むたびに、あなたの死を告げ知らせます。再び来られるときまで。

（または③）十字架と復活によってわたしたちを解放された世の救い主、わたしたちをお救いください。

司　聖なる父よ、わたしたちはいま、主イエスの死と復活の記念を行い、み前であなたに奉仕できることを感謝し、いのちのパンと救いの杯をささげます。

キリストの御からだと御血にともにあずかるわたしたちが、聖霊によって一つに結ばれますように。

世界に広がるあなたの教会を思い起こし、教皇○○○○、わたしたちの司教○○○○（名）、すべての奉仕者とともに、あなたの民をまことの愛で満たしてください。

（きょう）この世からあなたのもとに召された○○○○（名）を心に留めてください。

洗礼によってキリストの死に結ばれた者が、その復活にも結ばれることができますように。

また、復活の希望をもって眠りについたわたしたちの兄弟姉妹と、あなたのいつくしみのうちに亡くなったすべての人を心に留め、あなたの光の中に受け入

れてください。

いま、ここに集うわたしたちをあわれみ、神の母おと
めマリアと聖ヨセフ、使徒とすべての時代の聖人ととも
に、永遠のいのちにあずからせてください。

御子イエス・キリストを通して、あなたをほめたたえ
ることができますように。

栄唱

司　キリストによってキリストとともにキリストのうちに、
聖霊の交わりの中で、全能の神、父であるあなたに、
すべての誉れと栄光は、世々に至るまで、

一同　アーメン。

交わりの儀（コムニオ）

主の祈り

一同　天におられるわたしたちの父よ、
み名が聖とされますように。
み国が来ますように。
みこころが天に行われるとおり地にも行われますよ
　　うに。
わたしたちの日ごとの糧を今日もお与えください。
わたしたちの罪をおゆるしください。わたしたちも人
　　をゆるします。

50

わたしたちを誘惑におちいらせず、
悪からお救いください。

副文

司　いつくしみ深い父よ、

すべての悪からわたしたちを救い、

世界に平和をお与えください。

あなたのあわれみに支えられて、罪から解放され、す

べての困難に打ち勝つことができますように。

わたしたちの希望、救い主イエス・キリストが来られ

るのを待ち望んでいます。

一同　国と力と栄光は、永遠にあなたのもの。

教会に平和を願う祈り

司　主イエス・キリスト、

あなたは使徒に仰せになりました。

「わたしは平和を残し、わたしの平和をあなたがたに

与える。」主よ、わたしたちの罪ではなく、教会の信

仰を顧み、おことばのとおり教会に平和と一致をお

与えください。あなたはまことのいのち、すべてを

導かれる神、世々とこしえに。

一同　アーメン。

平和のあいさつ

司　主の平和がいつも皆さんとともに。

一同　またあなたとともに。

平和の賛歌（アニュス・デイ）

一同　世の罪を取り除く神の小羊、いつくしみをわたした
ちに。
世の罪を取り除く神の小羊、いつくしみをわたした
ちに。
世の罪を取り除く神の小羊、平和をわたしたちに。

拝領前の信仰告白

司　世の罪を取り除く神の小羊。神の小羊の食卓に招
かれた人は幸い。

一同　①主よ、わたしはあなたをお迎えするにふさわしい者
ではありません。おことばをいただくだけで救われま
す。
（または②）主よ、あなたは神の子キリスト、永遠のい
のちの糧、あなたをおいてだれのところに行きましょ
う。

拝領祈願（例文）

司　信じる者の力である神よ、
御子キリストはわたしたちに聖体の秘跡を与えて、

52

人生の旅路の糧としてくださいました。

このたまものによって○○○○が、キリストの永遠の
うたげに到達することができますように。

　主キリストは生きて、治めておられます、世々とこ
しえに。

一同　アーメン。

拝領祈願の後、ただちに告別と葬送に入る。

告別と葬送

　告別は葬儀ミサに続いて行われます。遺体への献香
（灌水）の後、祈りがとなえられ、一同、「アーメン」
と結びます。

　場合によって弔辞が読まれ、弔電が披露されること
があります。

　遺族代表のあいさつの後、葬送と出棺に移り、故人
は天上の教会へと旅立ちます。

　（一）

祈りへの招き

献香（灌水）

結びの祈り

司　祈りましょう。（沈黙）

いつくしみ深い父よ、

キリストを信じてこの世を去った兄弟／姉妹〇〇〇

〇をあなたにゆだねます。

わたしたちはキリストのことばに希望と慰めをおき、

互いに励まし合い、約束された復活の日、

キリストのうちに一つに集まることを心から待ち望

みます。

　わたしたちの主イエス・キリストによって。

一同　アーメン。

弔辞、弔電へ続く（58ページ）。

- -

　　　（二）

祈りへの招き

聖書朗読

ヨハネによる福音を聞きましょう。

〔そのとき、イエスは言われた。〕「父がわたしにお

与えになる人は皆、わたしのところに来る。わたしの

もとに来る人を、わたしは決して追い出さない。わた

しが天から降って来たのは、自分の意志を行うためではなく、わたしをお遣わしになった方の御心を行うためである。わたしをお遣わしになった方の御心とは、わたしに与えてくださった人を一人も失わないで、終わりの日に復活させることである。わたしの父の御心は、子を見て信じる者が皆永遠の命を得ることであり、わたしがその人を終わりの日に復活させることだからである。わたしをお遣わしになった父が引き寄せてくださらなければ、だれもわたしのもとへ来ることはできない。わたしはその人を終わりの日に復活させる。」　　　　　　　（ヨハネ6・37－40、44）

ともに祈る

先　心を尽くして神をたたえ、

すべてをあげてとうといその名をほめ歌おう。

心を尽くして神をたたえ、

すべての恵みを心に留めよう。

一同　わたしをお遣わしになった父が引き寄せてくださらなければ、

だれもわたしのもとへ来ることはできない。

先　神はわたしの罪をゆるし、

痛みをいやされる。

わたしのいのちを危機から救い、

いつくしみ深く祝福される。

一同　わたしはその人を終わりの日に復活させる。

先　わたしは生涯豊かに恵まれ、

若返る鷲のように、わたしのいのちは新たにされる。

神は正義のわざを行い、

しいたげられている人を守られる。

一同　わたしをお遣わしになった父が引き寄せてくださらな

ければ、

だれもわたしのもとへ来ることはできない。

先　神は恵み豊かに、あわれみ深く、

怒るにおそくいつくしみ深い。

憤る心をしずめ、

いつまでも怒り続けられない。

罪に従ってわたしたちをあしらわず、

とがに従って罰を下すことはない。

一同　わたしはその人を終わりの日に復活させる。

先　天が地より高いように、

いつくしみは神をおそれる人の上にある。

東と西が果てしなく遠いように、

神はわたしたちを罪から引き離される。

一同　わたしをお遣わしになった父が引き寄せてくださらな

ければ、

だれもわたしのもとへ来ることはできない。

先　父が子どもをいつくしむように、

神の愛は、神をおそれる人の上にある。

主はわたしたちの姿を知り、

ちりにすぎないことを心に留められる。

一同　わたしをお遣わしになった父が引き寄せてくださらなければ、

だれもわたしのもとへ来ることはできない。

わたしはその人を終わりの日に復活させる。

（詩編103、ヨハネ6・44より）

献香（灌水）

結びの祈り

司　祈りましょう。（沈黙）

いつくしみ深い神である父よ、

あなたが遣わされたひとり子キリストを信じ、

永遠のいのちの希望のうちに人生の旅路を終えた〇〇〇〇を

あなたの手にゆだねます。

わたしたちから離れてゆくこの兄弟／姉妹の重荷をすべて取り去り、

天に備えられた住みかに導き、聖人の集いに加えてください。

別離の悲しみのうちにあるわたしたちも、

主キリストが約束された復活の希望に支えられ、

あなたのもとに召された兄弟／姉妹とともに、

永遠の 喜びを分かち合うことができますように。
　わたしたちの主イエス・キリストによって。

一同　アーメン。

弔辞、弔電

献花（焼香）

遺族代表のあいさつ

葬送と出棺

VI 埋葬1 火葬のときの祈り

　火葬場では、火葬の前に、短い時間内で聖書が朗読され、司式者と一同で詩編をとなえます。

　火葬のはじめに、キリストが教えられた「主の祈り」を一同でとなえ、司式者は祈願をもって結びます。

祈りへの招き

神のことば

使徒パウロのテサロニケの教会への手紙

　兄弟たち、既に眠りについた人たちについては、希望を持たないほかの人々のように嘆き悲しまないために、ぜひ次のことを知っておいてほしい。イエスが死んで復活されたと、わたしたちは信じています。神は同じように、イエスを信じて眠りについた人たちをも、イエスと一緒に導き出してくださいます。

（一テサロニケ4・13-14）

ともに祈る

司　目をあげてわたしは山々を仰ぐ。
　　わたしの助けはどこからくるのか。

助けは神のもとから、
天地をつくられた神からくる。

一同　神はわたしを救われる。

司　神は、おまえの足を堅く立て、
まどろむことなく守られる。

一同　神はわたしを救われる。

司　神はおまえの守り。
その陰はおまえをおおう。
昼は太陽に打たれることなく、
夜は月に打たれることもない。

一同　神はわたしを救われる。

司　神はすべての悪からおまえを守り、
いのちを支えられる。
神はおまえの旅路を守られる、
今より、とこしえに。

一同　神はわたしを救われる。　　　　　　　（詩編121より）

続いて火葬に入る。

主の祈り

司　………唱えましょう。

一同　天におられるわたしたちの父よ、
み名が聖とされますように。
み国が来ますように。

60

みこころが天に行われるとおり地にも行われますように。

わたしたちの日ごとの糧を今日もお与えください。

わたしたちの罪をおゆるしください。わたしたちも人をゆるします。

わたしたちを誘惑におちいらせず、

悪からお救いください。

結びの祈り

司　いのちの源である神よ、

あなたのいつくしみに信頼をよせて祈ります。

あなたはイエス・キリストを通して

死は滅びではなく、新たないのちへの門出であることを示されました。

〇〇〇〇を顧み、あなたの栄光にあずからせてください。

　わたしたちの主イエス・キリストによって。

一同　アーメン。

2　火葬後の祈り

　　火葬後の祈りは、司式者と一同によって、神への全き信頼のうちにとなえられます。

ともに祈る

司　いつくしみ深い神よ、わたしたちの声に耳を傾けてください。

あなたこそ人類の力、希望、いのちの源です。

あなたの手に○○○○の霊をゆだねます。

一同　神よ、あなたにゆだねます。

司　神よ、あなたにより頼む○○○○に、み顔の光を注ぎ、あなたの輝きによって照らしてください。

一同　いつくしみ深い神よ、あなたにすべてをゆだねます。

結びの祈り

司　祈りましょう。（沈黙）

起きているときも、眠っているときも、

わたしたちに手を差し伸べ、守ってくださる神よ、

キリストのうちに眠りについた○○○○を安らかに憩わせ、永遠のみ国で朝を迎えさせてください。

　　わたしたちの主イエス・キリストによって。

一同　アーメン。

3 自宅での祈り

　火葬場から自宅に戻った時の祈りです。悲しみのうちにある遺族に聖霊の励ましを願います。一同で聖歌を歌い、聖書のことばを聞き、ともに祈り、遺骨に焼香し、司式者は結びの祈りの後、一同を祝福して終わります。

聖歌

聖水の灌水

神のことば

使徒パウロのローマの教会への手紙

　〔皆さん、〕わたしたちの中には、だれ一人自分のために生きる人はなく、だれ一人自分のために死ぬ人もいません。わたしたちは、生きるとすれば主のために生き、死ぬとすれば主のために死ぬのです。従って、生きるにしても、死ぬにしても、わたしたちは主のものです。キリストが死に、そして生きたのは、死んだ人にも生きている人にも主となられるためです。

（ローマ14・7－9）

ともに祈る

典礼聖歌144「谷川の水を求めて」を歌うこともできます。（楽譜は95ページ）

司　谷川の水を求めて、あえぎさまよう鹿のように、
　　神よ、わたしはあなたを慕う。
　　わたしの心はあなたを求め、神のいのちにあこがれ
　　る。
　　あなたを仰ぎ見られる日はいつか。
一同　神よ、わたしはあなたを慕う。
司　わたしの心はなぜ、うちしずみ、
　　嘆き悲しむのか。
　　神に希望をおき、賛美をささげよう、
　　わたしの救い、わたしの神に。
一同　神に希望をおき、賛美をささげよう、
　　わたしの救い、わたしの神に。　　　　　（詩編42より）

焼香

結びの祈り
司　希望の源である神に信頼をこめて祈りましょう。

　　　　　　　　　　　　　　　　　　　　　　　（沈黙）

　　聖なる父よ、あなたは賛美を受けるにふさわしい方です。

あなたは常によいものをつくり、とうといものにし、これにいのちを与え、祝福してわたしたちにお与えになるからです。

信頼をこめて祈るわたしたちの声に耳を傾けてください。

キリストのうちに憩う○○○○が、あなたの喜びと平安に満たされますように。

　　わたしたちの主イエス・キリストによって。

一同　アーメン。

祝福

司　全能の神、父と子と聖霊がわたしたちを祝福し、すべての悪から守り、永遠のいのちに導いてくださいますように。

一同　アーメン。

4　埋葬〔納骨〕の祈り

　埋葬に際しての祈りは、まず聖歌によってはじめられます。聖書朗読の後、司式者、一同、聖書のことばによって祈り、悲しみのうちにも、信頼と希望によって生きる恵みを願います。

　墓〔納骨堂〕の祝福に続いて埋葬〔納骨〕が行われ、司式者による献香と一同の焼香〔献花・灌水〕が続き、故人の魂の永遠の平安を祈った後、遺族代表のあいさつによって終わります。

聖歌

はじめのことば

神のことば

ヨハネの黙示

　そのとき、わたし〔ヨハネ〕は玉座から語りかける大きな声を聞いた。「見よ、神の幕屋が人の間にあって、神が人と共に住み、人は神の民となる。神は自ら人と共にいて、その神となり、彼らの目の涙をことごとくぬぐい取ってくださる。もはや死はなく、も

はや悲しみも嘆きも労苦もない。最初のものは過ぎ去ったからである。」すると、玉座に座っておられる方が、「見よ、わたしは万物を新しくする」と言われた。

(黙示録21・3-5a)

ともに祈る

司　わたしたちの地上の住みかである幕屋が滅びても、神によって建物が備えられていることを、わたしたちは知っています。
人の手で造られたものではない天にある永遠の住みかです。

一同　神によって建物が備えられていることを、わたしたちは知っています。

司　わたしにすすめを与えてくださった神をたたえよう。
夜、わたしは深く悟る。
わたしは絶えず神を思う。
神はそばにおられ、わたしは決してゆるがない。

一同　わたしにすすめを与えてくださった神をたたえよう。

司　心は喜びに満ちあふれ、
体は安らかに憩う。
神よ、あなたはわたしを死の国に見捨てられず、
あなたを敬う人が朽ち果てるのを望まれない。

一同　心は喜びに満ちあふれ、
体は安らかに憩う。

司　あなたはいのちの道を示してくださる。
　　あなたの前にはあふれる喜び、あなたのもとには永
　　遠の楽しみ。

一同　わたしにすすめを与えてくださった神をたたえよう。
　　神はそばにおられ、わたしは決してゆるがない。

（二コリント5章、詩編16より）

墓（納骨堂）の祝福

　　　（一）

司　神よ、わたしたちが整えたこの墓を祝福し ✚
　　あなたのいつくしみによって守ってください。
　　主キリストによってすべてが新たにされるその日まで、
　　ここに葬られる○○○○を安らかに憩わせてくださ
　　い。
　　復活であり、いのちであるキリストによって、
　　わたしたちもいつか永遠の喜びをともにすることが
　　できますように。
　　　わたしたちの主イエス・キリストによって。

一同　アーメン。

　　　（二）

司　すべてを治められる神よ、
　　わたしたちが整えたこの場所を、み使いによって守り、

あなたの祝福を ✚ 豊かに注いでください。
ここに葬られる○○○○が平和のうちに安らかに憩い、
新しい朝を迎えてあなたをたたえることができます
ように。

　　わたしたちの主イエス・キリストによって。

一同　アーメン。

埋葬（納骨）

献香、焼香

結びの祈り

司　祈りましょう。（沈黙）
いのちの源である神よ、
ここに眠る○○○○を心に留めてください。
主キリストによって約束された永遠の住まいで、
わたしたちも兄弟／姉妹とともに、
あなたの救いの恵みを感謝することができますように。

　　わたしたちの主イエス・キリストによって。

一同　アーメン。

遺族代表のあいさつ

Ⅶ　命日祭の祈り（祈念の集い）

　命日祭は、毎年命日に行うことが伝統的ですが、また日本の慣習にしたがって、3日、7日、30日、49日、あるいは月ごとに行うこともできます。命日祭のミサとして行うことができるほか、自宅での祈りの形式で行うことができます。ここでは、自宅での祈りの二つの形式を示します。それぞれ聖書朗読とともに祈ることが共通ですが、遺骨のある場合には献香が行われ、遺影だけの場合は、焼香（献花）を行うことができます（線香も使えます）。

　（一）

祈りへの招き

聖書朗読
使徒パウロのコリントの 教 会への手紙
　〔皆さん、〕わたしたちの地 上 の住みかである幕屋が滅びても、神によって建物が備えられていることを、わたしたちは知っています。人の手で造られたものではない天にある永遠の住みかです。わたしたちは、天から与えられる住みかを上に着たいと切に願って、この地 上 の幕屋にあって苦しみもだえています。この

幕屋に住むわたしたちは重荷を負ってうめいております
が、それは、地上の住みかを脱ぎ捨てたいからで
はありません。死ぬはずのものが命に飲み込まれて
しまうために、天から与えられる住みかを上に着たい
からです。

（二コリント5・1-2、4）

しばらく沈黙のうちに祈ります。

ともに祈る

先　わたしたちの地上の住みかである幕屋が滅びても、
神によって建物が備えられていることを、わたしたち
は知っています。
人の手で造られたものではない天にある永遠の住みか
です。

一同　わたしたちの地上の住みかである幕屋が滅びても、
神によって建物が備えられていることを、わたしたち
は知っています。

先　わたしにすすめを与えてくださった神をたたえよう。
夜、わたしは深く悟る。
わたしは絶えず神を思う。
神はそばにおられ、わたしは決してゆるがない。

一同　わたしにすすめを与えてくださった神をたたえよう。

先　心は喜びに満ちあふれ、体は安らかに憩う。
神よ、あなたはわたしを死の国に見捨てられず、

あなたを敬う人が朽ち果てるのを望まれない。

一同　わたしたちの地上の住みかである幕屋が滅びても、
神によって建物が備えられていることを、わたしたち
は知っています。

先　あなたはいのちの道を示してくださる。
あなたの前にはあふれる喜び、あなたのもとには永
遠の楽しみ。

一同　心は喜びに満ちあふれ、
体は安らかに憩う。
神よ、あなたはわたしを死の国に見捨てられず、
あなたを敬う人が朽ち果てるのを望まれない。
あなたはいのちの道を示してくださる。
あなたの前にはあふれる喜び、あなたのもとには永
遠の楽しみ。　　　　　　　（二コリント5章、詩編16より）

結びの祈り

司　祈りましょう。（沈黙）
恵み豊かな神よ、
○○○○をしのんでここに集まったわたしたちの祈り
を聞き入れてください。
あなたは御子キリストの死と復活によって、
永遠の死からわたしたちを解放し、
永遠のいのちを与えてくださいました。
復活の希望のうちに召された兄弟／姉妹が、

あなたの国で聖人とともに、あなたをたたえることが
できますように。
また、同じ信仰に結ばれて、
ここに祈りをささげるわたしたちにも、復活の恵みが
与えられ、
先に召された兄弟／姉妹とともに、
あなたの国で一つに集うことができますように。
　わたしたちの主イエス・キリストによって。

一同　アーメン。

遺族代表のあいさつ

（二）

祈りへの招き

聖書朗読と祈り

（a）
ヨハネの黙示
　〔そのとき神の僕たちは〕御顔を仰ぎ見る。彼らの
額には、神の名が記されている。もはや、夜はなく、
ともし火の光も太陽の光も要らない。神である主が

僕たちを照らし、彼らは世々限りなく統治するからである。

（黙示録22・4－5）

先　神はわたしの光、わたしの救い、
わたしはだれも恐れない。
わたしは神に一つのことを願い求めている。
生涯、神の家を住まいとし、
あかつきとともに目ざめ、
神の美しさを仰ぎ見ることを。
一同　神はわたしの光、わたしの救い。
先　神よ、わたしの声を聞き、
わたしをあわれみ、こたえてください。
わたしの心はささやく、「神の顔を尋ね求めよ。」
神よ、あなたの顔を、わたしは慕い求める。
一同　神よ、わたしをあわれみ、こたえてください。
先　あなたの顔をわたしに隠さず、
怒りでしもべを退けないでください。
わたしを遠ざけず、見捨てないでください。
あなたはわたしの助け、わたしを救ってくださる神。
一同　神よ、あなたの道を示し、安らかな小道に導いてください。
先　神に生きる人々の中で
わたしは神の美しさを仰ぎ見る。
一同　神を待ち望め、

強く、たくましく、神を待ち望め。　　　（詩編27より）

この後、聖歌（76ページ）へ続く。

（b）
使徒パウロのテサロニケの教会への手紙

〔皆さん、〕神は、わたしたちを怒りに定められたのではなく、わたしたちの主イエス・キリストによる救いにあずからせるように定められたのです。主は、わたしたちのために死なれましたが、それは、わたしたちが、目覚めていても眠っていても、主と共に生きるようになるためです。　　　（一テサロニケ5・9－10）

先　神よ、わたしたちの主よ、
　　あなたの名はあまねく世界に輝き、
　　その栄光は天にそびえる。
一同　神は愛、救いは神からくる。
先　あなたの手でつくられた大空を仰ぎ、
　　月と星をながめて思う。
　　人とは何者か、なぜ人に心を留められるのか。
　　なぜ、人の子を顧みられるのか。
一同　神は愛、救いは神からくる。

先　あなたは人を神に近いものとし、栄えと誉れの冠を
　　授け、つくられたものを治めさせ、
　　すべてをその足もとに置かれた。

一同　神よ、わたしたちの主よ、
　　あなたの名はあまねく世界に輝き、
　　その栄光は天にそびえる。　　　　　　（詩編8より）

聖歌

献香あるいは焼香（献花）

結びの祈り

司　祈りましょう。（沈黙）
　　いのちの源である神よ、
　　主キリストのうちにわたしたちの復活の希望は輝き、
　　死を悲しむわたしたちも、とこしえのいのちの約束に
　　よって慰められます。
　　○○○○をしのんでここに集うわたしたちの祈りをお
　　聞きください。
　　主が再び来られるとき、わたしたちも兄弟／姉妹と
　　ともに新たにされ、
　　神であるあなたをありのままに見て、
　　いつまでもともにあなたの栄光をたたえることができ
　　ますように。

　　わたしたちの主イエス・キリストによって。

一同　アーメン。

　　　遺族代表のあいさつ

VIII　墓参の祈り

　　故人の墓前での家族や親族の集いは、同時に、神の
霊の住まいであり、キリスト者のいのちを敬う心を表
す機会です。故人をしのぶだけではなく、わたしたち
の体が聖霊の神殿であること、そして故人も生きてい
る者も、キリストの体に一つに結ばれていることを祈
りを通して絶えず新たに宣言していきます。このよう
な意味を表すために、墓に注ぎかける水を祝福する儀
式が大切な役割をもっています。それは、洗礼によっ
てキリストと結ばれたことを記念し、聖霊の働きを祈
るものだからです。聖書朗読に続いて、献香、焼香
（献花）が行われ、一同でともに祈り、最後に主の祈
りをとなえて結ばれます。

黙禱による祈り
参列者が集まると一同でしばらく黙禱します。

（献香）

初めの祈り
司　………祈りましょう。

ひとり子イエスによってご自身への道を示された神よ、
「わたしを通らなければ、だれも父のもとに行くこと
はできない」と仰せになった主キリストを信頼して祈
るわたしたちのことばに、耳を傾けてください。キ
リストを信じた兄弟／姉妹○○○○とともに、わた
したちもいつかみもとに集い、
あなたを永遠にたたえることができますように。
　わたしたちの主イエス・キリストによって。

一同　アーメン。

水の祝福

（一）

使徒パウロのテトスへの手紙

　〔愛する者よ、〕わたしたちの救い主である神の慈し
みと、人間に対する愛とが現れたときに、神は、わ
たしたちが行った義の業によってではなく、御自分
の憐れみによって、わたしたちを救ってくださいまし
た。この救いは、聖霊によって新しく生まれさせ、
新たに造りかえる洗いを通して実現したのです。神は、
わたしたちの救い主イエス・キリストを通して、この
聖霊をわたしたちに豊かに注いでくださいました。こ
うしてわたしたちは、キリストの恵みによって義とさ
れ、希望どおり永遠の命を受け継ぐ者とされたのです。

（テトス3・4−7）

79

（二）

ヨハネによる福音

〔そのとき、〕イエスは言われた。「渇いている人はだれでも、わたしのところに来て飲みなさい。わたしを信じる者は、聖書に書いてあるとおり、その人の内から生きた水が川となって流れ出るようになる。」イエスは、御自分を信じる人々が受けようとしている“霊”について言われたのである。

（ヨハネ 7・37 b −39 a ）

司　………祈りましょう。
救いの恵みを与えてくださる神よ、
今、この水の上にあなたの霊を注ぎ、祝福 ✛ してください。
この水を受けるわたしたちが、
ここに葬られた兄弟／姉妹○○○○とともに
いのちの泉であるキリストに結ばれますように。
　わたしたちの主イエス・キリストによって。

一同　アーメン。

灌水

神のことば

(一)

使徒パウロのローマの教会への手紙

〔皆さん、〕神の霊があなたがたの内に宿っているかぎり、あなたがたは、肉ではなく霊の支配下にいます。もし、イエスを死者の中から復活させた方の霊が、あなたがたの内に宿っているなら、キリストを死者の中から復活させた方は、あなたがたの内に宿っているその霊によって、あなたがたの死ぬはずの体をも生かしてくださるでしょう。神の霊によって導かれる者は皆、神の子なのです。　　　（ローマ8・9a、11、14）

(二)

使徒パウロのコリントの教会への手紙

〔皆さん、〕あなたがたは、自分が神の神殿であり、神の霊が自分たちの内に住んでいることを知らないのですか。神の神殿を壊す者がいれば、神はその人を滅ぼされるでしょう。神の神殿は聖なるものだからです。あなたがたはその神殿なのです。だれも自分を欺いてはなりません。もし、あなたがたのだれかが、自分はこの世で知恵のある者だと考えているなら、本当に知恵のある者となるために愚かな者になりなさい。この世の知恵は、神の前では愚かなものだからです。

（一コリント3・16-19a）

献香、焼香（献花）

ともに祈る

（一）

司　神よ、わたしを守ってください。

あなたはわたしのよりどころ。
神に向かってわたしは叫ぶ。
「あなたはわたしの主、あなたのほかに幸せはない。」

一同　神よ、あなたはわたしの受けるゆずり、わたしの受け
る杯、

わたしにすすめを与えてくださった神をたたえよう。
夜、わたしは深く悟る。
わたしは絶えず神を思う。
神はそばにおられ、わたしは決してゆるがない。

司　心は喜びに満ちあふれ、
体は安らかに憩う。
神よ、あなたはわたしを死の国に見捨てられず、
あなたを敬う人が朽ち果てるのを望まれない。

一同　あなたはいのちの道を示してくださる。
あなたの前にはあふれる喜び、あなたのもとには永
遠の楽しみ。

(詩編16より)

（二）

司　神よ、わたしの祈りを聞き、願いの声に耳を傾けて
　　ください。

　　あなたは正しく誠実な方。

　　わたしの祈りにこたえてください。

一同　わたしは弱り果て、心は荒れすさぶ。

　　わたしは過ぎ去った日々をしのび、

　　あなたが行われたすべてのことを思い、

　　あなたのわざを思いめぐらす。

司　あなたに向かって手を伸ばし、

　　かわいた土地のように、わたしはあなたを慕う。

　　神よ、急いでこたえてください。

一同　あなたを信頼する者の上に、

　　朝ごとにあなたのいつくしみを現してください。

　　心をこめてあなたを仰ぐ者の上に、

　　行くべき道を示してください。

司　神よ、はむかう力から助けてください。

　　あなたのもとにわたしはのがれる。

　　あなたはわたしの神、み旨を行うことを教えてくだ
　　さい。

　　あなたのいつくしみによって、正しい道に導いてく
　　ださい。

一同　神よ、あなたのために、わたしのいのちを新たにし、

　　恵みによって苦悩から救ってください。（詩編143より）

主の祈り

司　………唱えましょう。

一同　天におられるわたしたちの父よ、

み名が聖とされますように。

み国が来ますように。

みこころが天に行われるとおり地にも行われますように。

わたしたちの日ごとの糧を今日もお与えください。

わたしたちの罪をおゆるしください。わたしたちも人をゆるします。

わたしたちを誘惑におちいらせず、

悪からお救いください。

結びの祈り

司　救いの源である神よ、

あなたの招きにこたえて信仰の道を歩んだ○○○○のために祈ります。

キリストのうちにあふれる豊かな恵みによって生かされた兄弟／姉妹が、復活のとき、あなたのうちに目ざめ、

救いの日を喜び迎えることができますように。

　わたしたちの主イエス・キリストによって。

一同　アーメン。

84

聖　歌

死者のためのミサ

典275 アレルヤ唱

CL
TS

アレルヤ － アレルーヤ　①天と地の主である神は　たたえられますように

②わ た し の 父 に 祝 福 さ れ た　　ひ と

③神 は　ひ と り 子 を お 与 え に な る ほ　ど

④わ た し を つ か わ し た か た の 意 志　　　　は

⑤わたしの父の意志は　子を見て
　　　　　　　信じる者が　永遠のいのちを保ち↗

⑥わ た し は 復 活 で　　　　　　あ　り

⑦わ た し の 国 籍 は 天 に　　　　あ　り

⑧キリストとともに死んだのなら
　　　　　　　　　キリストとともに生き↗

⑨死者の中から最初に復活された　キリストに

⑩主 の う ち に　　　　　　　　あ っ て

⑪いつくしみの父　すべての慰めの神に賛美

88

①あなたは神の国を小さい人々に　　　　　　アレルーヤー　アレールヤ
　　　　　現してくださっ　た　　　　　　　　マタイ11・25

②世の初めからあなたがたのために
　　　　　備えられた国を受けなさ　い　　　　マタイ25・34

③世を愛して　　　　　　　くださっ　た　　　ヨハネ3・16

④わたしが受けたすべての者を
　　　　　終わりの日に復活させることであ　る　ヨハネ6・39

⑤終わりの日に復活することで　あ　る　　　　ヨハネ6・40

⑥い　の　ち　で　　　　　　　あ　る　　　　ヨハネ11・25a

⑦そこから来られる救い主・イエスを待って　い　る　　フィリピ3・20

⑧耐えしのぶなら　　　ともに治め　る　　　　2テモテ2・11+12

⑨栄光と力が　　　　　とこしえ　に　　　　　黙示1・5+6

⑩死ぬ人は　　　　　　　　　幸　い　　　　　黙示14・13

⑪どのような苦しみにあっても
　　　　　神は慰めてくださる　　　　　　　　2コリ1・3+4

89

典68〜69　　神よ あなたのいぶきを

CLTS

かみよ　あ　なたのい　ぶきを　　　地のお　もてに

68　1.心を尽くして神を　　たたえよう　　　　神よ　あなたは　まことに偉大な　かた
　　2.あなたは地の基を　　すえ　　　　　　　地は　とこしえに　ゆらぐことが　ない
　　3.あなたは　谷間に泉を　わき出させ　　　山かげを流れる沢と　　される
　　4.あなたは高殿から山々を　うるおし　　　地は　あなたの　わざの実りで　満たされる
　　5.神よ　あなたが造られたものは　　　　　英知によって形造られたものは
　　　　　　　　　　　　数えきれない↗　　　　　　　　　　　　　地に　満ちている

69　1.主　な　る　　　　　　　　　かみ　　　あなたはまことに　偉大な　かた
　　2.あなたがいぶきを　取り去られると　　　死が訪れて　ちりに　　　　もどる
　　3.神に　　とわの　　栄えあれ　　　　　　神がみわざを喜ばれます　ように

68　1.誉れと輝きを身に　　帯びて　　　　　衣のように光を　　まとわれる
　　2.あなたは水に境を　　定め　　　　　　ふたたび地を　おおうことの
　　　　　　　　　　　　　　　　　　　　　　　　　　　　　ないようにされた
　　3.空の鳥が　そのほとりに巣を　つくり　木々のこずえからは
　　　　　　　　　　　　　　　　　　　　　　　　　さえずりが　聞こえる
　　4.家畜のために　　若草が　　もえ　　　人は作物を育て　地から　かてを　得る
　　5.わたしは生涯　神に向かって歌い　　　いのちのある限り　神を　たたえよう

69　1.あなたは数えきれぬほどの　ものを　　英知に　満ちて　　　造られた
　　2.あなたは霊を送ってすべてを　造り　　地上を新たにして　　くださる
　　3.わたしの思いが
　　　　　　　　神の喜びとなります　ように　　わたしは神を　　喜びとする

90

神の注がれる目は

CL
T
S

かみ のそそがれる め は かみ をおそれるも の に か

み のあい にきぼ うを おく もののうえ に

1.	神のことばは	ただしく	そのわざには	いつわりがない
2.	天は神のことばによって	つくられ	星座はそのいぶきによって	すえられた
3.	神を王として	いただくくに	神のものとして選ばれた民は	しあわせ
4.	神は その	すまいから	地に住むすべての人に目を	そそがれる
5.	神は たて 神は	すくい	わたしたちは 神を	待ちのぞむ
(栄唱)	栄光は 父と子と	せいれいに	初めの	ように

1.	神は 正義と公平を	あいし	いつくしみは 地に みちて	いる
2.	神の はからいは	とこしえに	みこころの思いは世々に	およぶ
3.	神は 天から目を	そそぎ	人々を すべて	見ておられる
4.	神は ひとりひとりの心を	つくり	そのわざを	見抜かれる
5.	心は神のうちにあって	よろこび	とうといその名に	よりたのむ
(栄唱)	今 も	いつも	世々に	アー メン

主はわれらの牧者

CL
TS

主　は　　われらのぼく　ー　しゃ　わ

たし　は　と　ぽ　し　い　こ　と　が　な　い

1. 神は　わたしを緑のまきばに　伏させ　　いこいの水辺に　伴われる
2. たとえ死の陰の谷を　歩んでも　　わたしは　わざわいを　恐れない
3. あなたは　はむかう者の　前で　　わたしのために会食を　ととのえ
4. 神の恵みと　いつくしみに　　生涯　　　伴われ

1. 神は　わたしを　生き返らせ　　いつくしみによって正しい道に　みちびかれる
2. あなたが わたしとともに　おられ　　そのむちと つえは わたしを まもる
3. わたしの頭に油を　注ぎ　　わたしの杯を　満たされる
4. わたしは　とこしえに　　神の家に　生きる

典53　神の はからいは

か　みの はからいは か　ぎ りなく　　しょ

う がいわたしはそ　の　なかに 生 き　る

1. 神よ　あなたはわたしを　こころにかけ　　　わたしの　すべてを知って　おら　れ　る
2. 歩む時も　休む時も　見守　　り　　　　　わたしの行いを　すべて知って　おら　れ　る
3. 翼を駆って　東の果てに　のがれても　　　海を渡り　西の果てに　　住んでも
4. あなたは わたしのからだを つく　　り　　　母の胎内で　わたしを　かたち造られた
5. 神よ　あなたの思いは　きわめがた く　　　そのすべてを知ることは　でき　な　い

1. わたしが　すわるのも　立つのも知　り　　　遠くから　わたしの思いを　見とおされ る
2. くちびるに　ことばが　の　ぼ る まえに　　神よ あなたは すべてを知って おられ　　る
3. あなたの手は わたしを み　　　ちびき　　　あなたの右の手は わたしを はなさな　い
4. わたしを造られた　　　　　　　　　　　　　わたしは心から
　　　あなたのわざは 不　　　思　議↗　　　　　　その偉大なわざを　たたえ　　る
5. あなたのはからいは 限 り な く　　　　生涯　わたしは　その中に いき　　　る

93

　　　神はわたしを救われる

かみ は わたし を す く われる　　そ

の いつく し み を た た えよう

64　1. 神は わたしのとりで わたしの い わ　　　わたしの救い 身を避ける い わ
　　2. 神のことばと いぶきに よって　　　　　海の底は現れ 地の基いがあらにな る
　　3. 神のさばきは わたしの 前 に　　　　　そのおきては身近に あ る

　　4. 神 は 輝く　　　　　　ともしび　　　わたしのやみを照らす か た

　　5. 神 は わたしに力を 与 え　　　　わたしの道を正しく される
　　6. わたしを ささえる い わ　　　　　わたしを救われる神に 栄光と 賛 美

65　1. 神よ あなたは わたしを 救 い　　　死の力が勝ち誇るのを許され な い
　　2. 滅びは神の怒りの　　　　　　うちに　　いのちは恵みのうちに あ る
　　3. 神よ いつくしみ深く わたしを 顧 み　　わたしの助けとなって ください
　　4. わたしの心は あなたを たたえ　　　黙っていることが な い

64　1. わたしの神 わたしの た て　　　わたしのやぐら 救いの ちから
　　2. 神は上から わたしに手を 伸 べ　　海の中から わたしを 引き上げられる
　　3. 神は わたしの正しさに従って 報 い　　きよく生きるわたしに
　　　　　　　　　　　　　　　　　　　　　　　　目を留め こたえて くださる

　　4. 神の道はきよく そのことばには
　　　　　　　　　　　　いつわりが な い　　神は身を寄せる すべての人の た て

　　5. あなたは わたしの歩く道を 広くされ　　わたしの 歩み は ゆるがない
　　6. 神よ 諸国の民の中で あなたを たたえ　　わたしは あなたの名を 喜び歌う

65　1. 神よ あなたは死の国から
　　　　　　　　　　　わたしを 引きあげ　　危うい いのちを助けて くださった
　　2. 夜 が 嘆きに　　　　つつまれても　　朝 は 喜びに　　　　明けそめる
　　3. あなたは嘆きを喜びに 変 え　　　荒ら布を晴れ着に替えて くださった
　　4. 神よ わたしの 神 よ　　　あなたを とこしえに たたえよう

94

谷川の水を求めて

CL
TS

答唱　た　に　がわの　み　ずをもとめて　あ　えぎさまようし

かのように　か　みよ　わたし　はあなたをした　う

1. わたしのこころは　あなたを　もと　め　　神のいのちを　あこがれ　る(2へ)
2. わたしが行ってみ前に　いた　り　　み顔をあおげる日は　いつ　か

4. 思い起こせば　こころは　たかなる　　喜び祝う人々の　　　む　れ

6. わたしのこころは　なぜうちしず　み　　思いみだして　なげくの　か(7へ)
7. 教いの神に希望を　　いだ　き　　かつてのように　み前に　すすみ

3. わたしは日夜神を　問われて　　明け暮れ涙を食物と　する(答唱)

5. 感謝と賛美の歌声の　中を　　わたしはみ前に　すすみで　た(答唱)

8. 賛美の祭りを　ささげよう　　わたしの救いわたしの　か　みに(答唱)

神を敬う人の死は

かみ を うやまう ひ と の 死は か

み のまえ に と う とい す く いのさかずき

を ささげ かみ の名をよびも と めよう

1. 死とその苦しみが　迫り　　　苦悩の中に　あったとき
2. 神は恵みと　いつくしみに　満ち　わたしたちの神は　あわれみ深い
3. 平和が　ふたたび　わたしに　訪れる　神は恵みを注いで　くださった
4. わたしは　神の前を　歩む　　神に生きる人々の　　中で
5. 神よ　わたしは　あなたの　しもべ　あなたは　わたしを　救われる

1. わたしは神の名を求めて　叫んだ　神よ　わたしを助けて　ください
2. 神は　素朴な　人の　　　支え　　苦しむ人を力づけて　くださる
3. 神は　わたしを死から救って涙を　ぬぐい　足がつまづかないように　支えられた
4. 神が与えてくださった　すべての　恵みに　わたしは　どのように　こたえようか
5. すべての　民の前に　　進み出て　神に立てた誓いを　　果たそう

96

典11 荒れ地のかわき果てた土のように

あれ　地の　か　わきはて　たつ　ちのように　か

み　よ　わたし　はあなたを　　し　たう

1.わたしは 神を愛する 神は　　　　　日々祈り求めるわたしに
　　　　　わたしの声を 聞 き↗　　　　　　心を留めて くださる

2.神は恵みといつくしみに　　満 ち　　わたしの神は あわれみ ふか　い

3.神は　わたしを死から　　すくい　足がつまずかないように ささえられた

1.死とその苦しみが迫り　　　　　わたしは神の名を求めて叫んだ
　　　苦悩の中に あったとき↗　　　　「神よ わたしを助けて くださぃ」

2.神は　素朴な人の　　支 え　　神は恵みを注いで くださった

3.わたしは神の前を　　歩 む　　神に生きる人々の　　中 で

典117　　　主は豊かなあがないに満ち

CLTS

答唱　主は豊かなあがないに満　ち　　　　いつくしみ深　い

1.神よ　深い　　ふ ち か ら　あ な た に 叫　　　　び
2.あなたが悪に目を　留められるなら　だれが　み前に　立てよ　う
3.神は　わたしの希望 心の　望　　　み　わたしはみことばを 待ち望　む
4.イ ス ラ エ ル よ　イ ス ラ エ ル よ　主 を 待 ち 望　　　　め

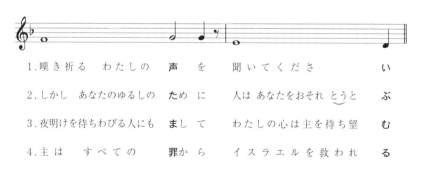

1.嘆 き 祈 る　わ た し の　声　を　　聞 い て く だ さ　　　　い
2.しかし　あなたのゆるしの　ため　に　人は あなたをおそれ とうと　ぶ
3.夜明けを待ちわびる人にも　まし　て　わたしの心は主を待ち望　む
4.主 は　す べ て の　罪 か ら　イ ス ラ エ ル を 救 わ れ　　　る

カ カトリック聖歌集と番号

カ 2（602）　　　みもたまも

1. み　　も　た　ま　も　　主　に　さ　さ　げ
2. 世　　に　あ　る　も　　世　を　さ　る　も
3. 主　　の　も　と　に　　ゆ　く　ひ　ま　で

みーこころ　　に　ゆ　だ　ね　ま　つ　ら　なん
とーこしえよ　　に　み　て　に　た　よ　ら　なん
いーときよ　　く　ま　も　ら　せ　た　ま　え

かなしみうれい

```
1. かなしみ うれいに ィエー ズスマリア ヨ ゼフ
2. いたみわ ずらいに ィエー ズスマリア ヨ ゼフ
3. いまわの そのとき ィエー ズスマリア ヨ ゼフ
4. みもたまも つねに ィエー ズスマリア ヨ ゼフ
```

```
なぐさーめを たまーえ ィエー ズスマリア ヨ ゼフ
みちかーらを たまーえ ィエー ズスマリア ヨ ゼフ
みたすーけを たまーえ ィエー ズスマリア ヨ ゼフ
みまもーりを たまーえ ィエー ズスマリア ヨ ゼフ
```

やさしきみ母

1. やさしきみはーはよいまみそなわし
2. くるしきこのーよにきずつきたおれ
3. いつくしきかーいなのべてみははよ

みくににかえーりしながこをみてに
つとめのさなーかによるはきたりて
そのめのなみーだをぬぐいたまえや

いだきむかえて　なーぐーさめたまえ
みくににかえる　たーまーをうけませ
みははしたいし　たーまーにてあれば

102

世を去る友

1. よ を さ る と も ー を ば か え り み た ま え
2. あ い の み あ る ー じ よ か な し き わ か れ
3. 主 に た ま わ り ー て は 主 に め さ る る ぞ
4. と う と き み か ー げ を た の み ま つ り て

し こ そ は か み ー へ の か ど で な り せ ば
み む ね と あ お ー ぎ て し の び て あ ら なん
こ よ な き み め ー ぐ み お も う も な み だ
ゆ き に し た ま ー を ぞ み て に ゆ だ ぬ る

主にまかせよ

♩＝96

1. 主 に まか せよ な が み を 主 は よ ろ こ び

2. 主 に まか せよ な が み を 主 は よ ろ こ び

たすけ ま さん しのびて はるをまーて

たすけ ま さん なやみは つよくとーも

ゆきは とけて は なは さかん あらしにも

みめぐみ には かつ を え じ まこと なる

やみにも ただ まかせよ ながーみーを アーメン

主のてに ただ まかせよ ながーみーを

カ 657　　いつくしみふかき

1. いつくしみふかき　ともなる イエスは
2. いつくしみふかき　ともなる イエスは
3. いつくしみふかき　ともなる イエスは

つみとがうれいを　とりさりたもう
われらのよわきを　しりてあわれむ
かわらぬあいもて　みちびきたもう

こころのなげきを　つつまずのべて
なやみかなしみに　しずめるときも
よのともわれらを　すてさるときも

などかはおろさぬ　おえるおもにを　アーメン
いのりにこたえて　なぐさめたまわん
いのりにこたえて　いたわりたまわん

105

カ 658

主よ みもとに

1. 主 よ み も と に ち か づ かん 一
の ぼ る み ち は じゅう 一 じ か に 一
あ り と も な ど か な し む べ き

2. さ す ら う ま い に ひ は く れ 一
い か い の う え の の て か 一 り ね の 一
ゆ ま い い め ね よ に き よ も ぬ せ ち あ い た み め ざ た も の の え と ぞ り つ ゆ み て ぞ き

3. 主 の ざ め て の ち ま は な れ 一
い か い し よ う は を し て の か う 一 え よ み ら ば 一

4. め ざ め て の を ち ま は な れ て

5. う つ し よ を ば は な れ て

ありともなど　かなしむべき

ゆまいい　めねよ　にきよ　もぬせち　あいたみ　めざたも　ののえと　ぞりつゆ　みてぞき

主 よ み も と に ち ー か づ かん ー アー メン

主 よ み も と に ち ー か づ かん ー
主 よ み も と に ち ー か づ かん ー
主 よ み も と に ち ー か づ かん ー
主 の み か お を あ ー お ぎ みん ー

カ 660　　　かみともにいまして

1. かみともにいまして　ゆくみちをまもり
2. あれのをゆくときも　あらしふくときも
3. みかどにいるひまで　いつくしみひろき

あめのみかてもて　ちからをあたえませ
ゆくてをしめして　たえずみちびきませ
みつばさのかげに　たえずはぐくみませ

おりかえし
またあーうひまでーまたあうひーまーで

かみのーーまもりーながみをはなれざれ　アーメン

108

カ 661　　　　　やまじこえて

巻末の聖歌は、『カトリック聖歌集』（光明社）と、『典礼聖歌』（カトリック中央協議会）より転載させていただきました。両者のご好意に深くお礼を申し上げます。

（各聖歌の番号はそれぞれの聖歌集の番号によっています）

葬儀のしおり〔参列者用〕改訂版 　　　東京大司教認可済

1995年3月19日　初版発行
2024年2月15日　改訂版第1刷発行

日本音楽著作権協会（出）許諾第2308010-301号

定価 本体 900円 +税

編著者　　　オリエンス宗教研究所
発行者　　　オリエンス宗教研究所
　　　　　　　代表　C・コンニ
〒156-0043　東京都世田谷区松原2-28-5
TEL（03）3322-7601　FAX（03）3325-5322
印刷者　　　有限会社 東光印刷